AF370212

EDICT DV ROY NOSTRE SIRE, SVR

l'establissement de la secõde chambre de la court des
aides & finances, auec la iurisdiction & congnoissance
attribuée à icelle court, sur les tailles, aides, gabelles, finances, traictes, imposition foraine, empruntz, soulde de cinquante mil hommes de pied, decimes, & dons
gratuitz. Publié en icelle court, le dixhuictiesme iour
de Nouembre, L'an mil cinq cens cinquantedeux.

ENRY par la grace de Dieu
Roy de France, à tous presens &
aduenir, Salut. Côme despieça
nostre court des aides à Paris ayt
esté instituée, ordonnée & esta-
blie pour congnoistre iuger & decider en der
nier ressort comme souueraine, des proces &
differentz qui sourdent & se peuuét mouuoir,
pour raison du faict des tailles, aides & gabelles, quatriesmes, huictiesmes, imposition de
douze deniers pour liure, imposition foraine,
resue & hault passage, traictes, trespas de Loire, equiuallés, octroiz au lieu des tailles es pays
& gouuernemens esquelz n'y a esleuz, octroiz
faictz aux villes & communautez pour leuer
& imposer deniers, comme appetissemens de
pinte, & autres deniers baillez par forme d'aide, munitions, garnisons, estappes, fortifica-
tions, aduitaillemens, deniers communs proue
nans desdictz octroiz & impostz, & conse-
quemment de tous proces qui se peuuent mou
uoir pour raison des empruntz, soulde de cinquante mil hommes, decimes, dons gratuitz,
quand ilz sont mis & imposez, & generalle-

Hh iij

ment de tous autres deniers qui font leuez par
forme d'aide & fubuention pour le faict des
guerres, ou autrement par impoft fur le peu-
ple, à quelque caufe & occafion que ce foit ou
puiffe eftre, & fur quelzconques priuilegiez &
non priuilegiez. Semblablement auroit efté at
tribué à noftredicte court la iurifdiction &
congnoiffance en premiere inftance, & dernier reffort, de tous les differentz pour raifon
de noz finances, defquelles le calcul, audition
& clofture descomptes, appartient à noftre
chambre des comptes, & dont les generaux
de noz finances ont la fuperintendance:pareil-
lement des debatz & executoires leuez, tant
de noftredicte chambre des comptes que trefo
riers & generaux : & confequemment de tous
autres debatz & differentz concernans le faict,
maniment & adminiftration de nofdictes finances meuz & à mouuoir, entre noz trefo-
riers generaux, receueurs generaux & particuliers, clercs commis & deputez, pleges & cau-
tions, pour ledict faict & maniment de nofdictes finances, comme auffi de tous dons,
recompenfes, affignation, gages, amendes
adiugées, tant par noz courtz de Parlemens
à Paris & de Bordeaux, que noftredicte court
des aides, fourniffemens de greniers, reformation de gabelles, de tous contractz faictz
entre fermiers de nofdictes aides & gabelles,
munitionnaires,ceffions,trafportz, & affocia-
tions faictes pour le faict d'icelles aides,gabel-
les, & munitions, leurs appartenáces & depen-

dances: nonobſtant qu'ilz ſoyent paſſez ſoubz
le ſéel de noſtre preuoſté de Paris , ou autre
ſéel priuilegié . De tous leſquelz differentz
procedans (comme deſſus) de noſdictes tailles,
creües , aides , gabelles , & munitions , leurs
appartenances & dependances , la congnoiſſance & deciſion doibt appartenir (comme dit
eſt) à noſtredicte court des aides , entre toutes perſonnes de quelque auctorité , priuilege
& liberté qu'ilz fuſſent fondez, priuatiuement
à tous autres iuges , enſemble de l'effect, vali-
dité ou inualidité de leurſdictz priuileges, s'ilz
eſtoyent reuoquez en doubte & de tous autres cas , tant ciuilz que criminelz , iuſques à
condemnation de mort, ſi elle y eſcheoit, exe-
cutoire en tous lieux , villes & places du reſſort de noſtredicte court , eſquelles lon a accouſtumé faire execution : toutesfois les com-
miſſions particulieres auec certains edictz ,
declarations & prouiſions contenans euoca-
tion & renuoy d'aucunes deſdictes matieres
tant en termes generaux que particuliers , à
certains commiſſaires & autres noz courtz a-
uec interdictions & deffenſes , ont grande-
ment enerué & diminué la iuriſdiction de noſtredicte court des aides , de ſorte que lon luy
a oſté & diſtraict la congnoiſſance du faict
des empruntz, decimes , ſoulde de cinquante mil hommes , quand ilz ſont mis & leuez,
octroiz de villes & communautez , ou d'autres particuliers , ſoyent par forme de dons,
gratuitz ou autrement , impoſition foraine,

Hh iiij

reformation de gabelles , debatz & differentz
concernans le faict & administration de noz fi
nances, ou autres telles matieres que deſſus, dōt
ladicte court eſt fondée de iuriſdiction par ſon
inſtitution & eſtabliſſement. Sçauoir faiſons,
que nous conſiderant de combiē importe tel-
le eneruation & diſtraction, tant à noſtre ſerui-
ce & à la conſeruation de noz droictz , qu'au
ſoulagement & commodité de noz ſubiectz.
Et entendu que la pluſpart deſdictes matieres
ſe doibuent iuger ſommairement ſelon les ordonnances ſur ce introduictes receües & veri-
fiées en noſtre court des aydes ſeullemēt, ayāt
le tout mis en deliberation de noſtre cōſeil pri
ué, ou eſtoyent aucuns princes & ſeigneurs de
noſtre ſang, & autres grāds & notables perſon
nages de noſtredict cōſeil priué: Auons par ad
uis d'iceluy pour les cauſes deſſuſdictes, & autres bōnes & iuſtes occaſions & conſidératiōs
à ce nous mouuans, eſtably, remis & reſtitué, re
mettons, reſtabliſſons, & reſtituons de noz cer
taine ſciēce, plaine puiſſāce & auctorité royal,
noſtredicte court des aides en ſon entier, premier reſſort, auctorité & iuriſdiction, pour cō
gnoiſtre, iuger & decider ſommairemēt & pri
uatiuemēt à tous noz autres iuges quelzconꝗs,
de tous proces & differētz meuz & à mouuoir,
pour raiſon des tailles, creües, gabelles, aides,
traictes, impoſition foraine, treſpas de Loire,
equiuallens, octroiz, tant de noſdictz pays &
gouuernemens, ou il n'y a eſleuz, que de ceulx
qui ſont & ſeront par cy apres faictz aux villes

& citez du reſſort de noſtredicte court des aides, empruntz & ſoulde de cinquante mil hô-
mes, decimes & dons gratuitz, quand pour la
neceſſité de noz affaires ilz ſeront mis ſus &
leuez: munitions, garniſons, eſtappes, fortifica
tions, aduitaillemēs, deniers communs leuez
par octroiz & impoſtz: & generalemēt de tous
autres deniers mis & à mettre ſus pour faict
d'aide & ſubuention des guerres, ou autremēt
leuez & impoſez pour quelque autre cauſe &
occaſion & ſur quelzconques perſonnes que
ce ſoit: dont entant que beſoing eſt ou ſeroit,
nous leur commettons & attribuons la congnoiſſance & deciſion. Voulons en oultre &
nous plaiſt qu'icelle noſtredicte court des aides ait la congnoiſſance, iugement & deciſion
de tous proces & differentz, meuz & à mouuoir pour raiſon du faict de noſdictz deniers
& finances, & meſmes pour les debatz & executoires de noſtredicte chambre des comptes,
& autres executoires, liurez & ordonnez par
les treſoriers & generaux de noz finances: ſoit
que leſdictz proces & differendz ſoyent inten
tez entre noſdictz treſoriers & generaux, receueurs generaux & particuliers, leurs clercs &
commis, ou autres deputez, leurs pleges & cau
tions, pour le faict & adminiſtration de noſdictes finances, & ce en premiere inſtāce & dernier reſſort. Comme auſſi ſemblablement elle
congnoiſtra des proces meuz & à mouuoir
pour raiſon des dons par nous faictz, recom-
penſes, aſſignations, gages, amendes adiugées

par elle & nofdictes courts de parlemens de Paris & Bordeaux, fourniffemens de greniers,
& reformation de gabelle. Pareillemēt de tous
contractz faictz entre fermiers munitiōnaires:
pour raifon de leurs fermes & munitions, cef-
fions, tranfportz & affociatiōs, pour le faict de
nofdictes aides, munitions, impofitions & gabelles, circōftáces & dependáces, foubz quelque féel royal que lefdictz contractz & tranfportz ayent efté, & foyent paffez, fuft à Paris,
ou ailleurs, entre quelques perfonnes de quelque priuilege, auctorité & liberté qu'ilz foyēt
fondez : non feulement pour le faict & pourfuitte de nofdictes aides, mais auffi pour la congnoiffance de l'effect & verité defdictz priuileges par eulx pretenduz & alleguez, f'ilz font
mis & reuoquez en doute, interdifant & defen-
dant par cefdictes prefentes à toutesnoz autres
courtz, & iuges, de ne cōgnoiftre d'iceux proces, differentz es matieres de la qualité deffuf-
dicte, leurfdictes circōftances & dependances:
& aux parties, de n'en faire aucune pourfuitte
ailleurs qu'en noftredicte court des aides, foit
en premiere inftance, par appel, voye de nullité, incōpetence ou autremēt, & ce foubz peine
de nullité de tout ce qui auroit efté fur ce faict
& ordonné par nofdictes autres courtz & iuges & amendes arbitraires contre les parties
pourfuyuantes. Demourāt toutesfois la iurifdi
ctiō des efleuz en fa force & vertu, felō & ainfi
qu'ilz ont accouftumé d'en vfer. Euoquant au
furplus à nous & noftre perfonne, de noz cer-

taine sciéce, plaine puissâce & auctorité royal,
tous & chascûs les proces & differétz, meuz &
à mouoir sur les particularitez dessusdites, leur
circóstâce & depédâce, lesquelz auós rēuoyez
& renuoyons auec les parties, en nostredicte
court des aides, pour y estre iugez decidez, &
determinez cóme de raison, & à ceste fin reuo
quons en tant que besoing est ou seroit, toutes
autres euocations & particuliers edictz, prouis-
sions & declaratiós, par lesquelz la congnoissance & iurisdiction des choses susdictes auroit esté ou seroit distraicte & eneruée de nostredicte court des aides: que nous voulós d'o-
resnauant, estre dicte, nommée & intitulée, la
court de noz aides & finâces: laquelle cógnoi-
stra & decidera, oultre tout ce que dessus, pri-
uatiuemēt à tous noz autres iuges quelz qu'ilz
soyēt, des reglemēt, punition & correctió des
presidens generaux & conseillers, aduocatz &
procureur general, greffier, huissier, receueurs
& autres ministres d'icelle court, esleuz, grene
tiers, ou receueurs de magazins, contrerool-
leurs, receueurs de noz aides & tailles, iuges des
traictes, maistre des portz leurs lieutenâs, & au
tres noz iuges & officiers ressortissans en nostredicte court: estant question de fautes, abuz,
ou maluersations cómis en leurs estatz, charges & administrations, iniures & exces faictz à
leurs personnes, au cótēpt des auctoritez, prerogatiues & prééminéces de leursdictz offices
& estatz: aussi serõt tous iuges & officiers de iu
dicature ressortissans en nostredicte court des

aides, examinez & inftituez en icelle, auất que
pouuoir exercer leurs eftatz & offices: & d'au-
tant que par le moyen & occafiõ des reunion
& attribution de iurifdiction & congnoiffance nouuelle, des cas, matieres & differentz
deffus declarées, la chambre qui de prefent eft
eftablie en noftredicte court, ne pourroit feu-
le fuffire à l'expedition & vuydange d'iceulx
proces, matieres & differentz: voulant comme
il eft plus que requis y pouruoir, & donner or
dre, pour le bien & commodité de la iuftice de
noftre feruice, & de la chofe publique: Auons
par l'aduis que deffus, de noftredicte certaine
fcience, plaine puiffance & auctorité royal, &
pour les caufes deffufdictes, & autres à ce nous
mouuans, de nouuel crée, erigé, ordonné &
eftably: creons, erigeons, ordonnons & efta-
bliffons en noftre court des aides, vne autre feconde chambre, pour congnoiftre, iuger & decider de tous les proces par efcript,
qui font & feront receuz pour iuger en icelle
noftredicte court, tant de la qualité deffufdi-
cte, qu'autres: Dõt icelle noftredicte court eft
d'ancienneté & fera, fuyuất ceftuy noftre prefent edict, fondée de iurifdictiõ, laquelle fecõ
de chãbre, nous voulons eftre cõpofée de deux
prefidens, qui feront dictz & nommez, tiers &
quart prefidens de noftredicte court, & prefi-
deront es plaidoyries, felõ l'ordre de leurs re-
ceptions en l'abfence des autres.

Confequemment y aura huict generaux &
confeillers, & vn huiffier qui fera nommé pre-

mier huiſſier d'icelle court, lequel pour la dif-
ference des autres , portera chapperon à bour-
relet: Et porteront auſſi luy, & les autres huiſſiers, verge en icelle court, & en la ſalle du Pa-
lais, comme les autres huiſſiers de noſtre court
de parlemét ont accouſtumé de faire: leſquelz
tiers & quart preſidés, huiĉt generaux, & conſeillers, auec ledit premier huiſſier, nous creós
& erigeons ſemblablement en chef, & tiltres
d'offices formez aux fins que deſſus , pour y
eſtre par nous pourueuz . C'eſt aſçauoir deſ-
maintenant, de perſonnages ſuffiſans & capables: & d'oreſnauant quand vacation y eſcher-
ra par mort, reſignation ou autrement, pour en
ioüyr & vſer, & iceulx tenir & exercer aux hõ
neurs, prerogatiues, préeminences, priuileges,
franchiſes, libertez, droiĉtz, proufiĉtz & emo-
lumens qui y appartiennent, & aux gages.

A ſçauoir chaſcũ deſdiĉtz preſidés de douze
cẽs liures, chaſcun deſdiĉtz generaux & cõſeil-
lers, de cinq cens liures , auec les autres menuz
droiĉtz qui ont accouſtumé d'eſtre payez à
noz autres preſidens, generaux & conſeillers
ſur les amendes à nous adiugées par noſtrediĉte court : & lediĉt premier huiſſier aux gages
de cent liures tournois. Et oultre ayant regard
& conſideration, à ce que noz premier aduocat, & procureur en noſtrediĉte court des aides, pour l'augmentation & amplification du
reſſort & iuriſdiction de noſtrediĉte court, ſe-
rõt beaucoup plus chargez, empeſchez & oc-
cupez, qu'ilz n'eſtoyent au parauant à la pour-

suitte, souſtenemēt, & defenſe de noz droictz, n'ayant autre profit & emolument pour leur vacations & entretenement, que leurs ſimples gages , ſans ce qu'en ladicte court, ilz puiſſent plaidoyer, eſcripre n'occuper pour les parties, ce qui leur eſt expreſſement prohibé & defendu. Pour ces cauſes & autres bonnes & iuſtes conſiderations à ce nous mouuans, à iceulx auons creu & augmenté, croiſſons & augmentons leurſdictz gages , iuſques à huict cens liures chaſcun, par an, comprins ce qu'ilz ſouloyent auoir d'ancienneté, & ſera pour ceſt effect, & pour le payement des autres gages d'iceulx officiers deſſus nommez, par nous nouuellement créez , l'aſſignation ordinaire du payeur de ladicte court creüe & augmentée, au pro rata d'iceulx gages par le treſorier de noſtre eſpargne : auquel nous mandons ainſi le faire, ſans difficulté.

Et oultre, voulõs & nous plaiſt, que leſdictz preſidens generaux & conſeillers, nouuellement pourueuz : montent & preſidēt, ſelõ l'ordre de leur receptiõ aduenant vacatiõ, ſoit par mort, reſignation, promotion ou autrement : ſans cõprendre en ces preſentes le lieu de premier preſident en noſtredicte court : Auquel, nous nous ſommes reſeruez de pouruoir vacation y aduenant : ſans que les autres y puiſſent paruenir par le moyen de l'antiquité & ordre de leur reception , & ſans auoir autre expreſſe prouiſion de nous.

Voulons en oultre, que de ſix mois en ſix

mois, six generaux, & conseillers de la premiere chambre de nostredicte court, soyent deputez par ordre & successiuement les vns apres
les autres, pour vaquer & entendre à l'expedition des affaires, occurrens en icelle seconde
chambre. Et afin qu'il soit pourueu ausdictz
estatz de presidens generaux & conseillers, de
personnes ydoines, capables & suffisans: ilz se-
ront deüement examinez & approuuez par no
stredicte court, selon & en ensuyuant l'edict
par nous sur ce, cy deuát faict.

Si donnons en mandement à noz amez &
feaulx, les gens de noz courtz de parlemens,
grand conseil, gens de noz comptes & de nostre court des aides, tresoriers generaux, esleuz
sur le faict de noz aides & tailles, & autres noz
iusticiers & officiers qu'il appartiendra : Que
noz present edict, statut, ordonnance, creation
& erection, ilz entretiennent, gardét & obser-
uent, facent de poinct en poinct inuiolablemét
chascun endroict soy, respectiuement entrete-
nir, garder & obseruer, lire, publier & enregi-
strer: & iceulx lesdictz presidés generaux conseillers & premier huissier nouuellemét créez,
ensemble nosdictz premier aduocat & procureur general, quát à la creüe & augmétation de
leursdictz gages, ioüyr & vser plainemét, paisi
blement & perpetuellement, cessans & faisans
cesser tous troubles & empeschemens à ce con
traires: & à ce faire souffrir & obeyr contrain-
gnent, ou facent cótraindre tous ceulx qu'il ap
partiendra, & qui pour ce serót à contraindre

par toutes voyes & manieres deües & en tel
cas requiſes & accouſtumées pour noz pro-
pres affaires : Nonobſtant oppoſitions ou appellations quelzconques, pour leſquelles ne
voulons eſtre differé.

ET oultre, mandons à noſdiĉtz gens des cõptes, que les gages & droiĉtz qui ſeront par lediĉt payeur, payez auſdiĉtz officiers nouuellement créez en noſtrediĉte court des aides, &
ſemblablement à noſdiĉtz premier aduocat &
procureur general pour leurdiĉte creüe & augmentation, ilz paſſent, & alloüent ſans difficul
té es comptes, & rabatent de la recepte & aſſi-
gnatiõ dudiĉt payeur, qui pour ceſt effeĉt luy
ſera creüe & augmentée, en rapportant le vidimus de ces preſentes, faiĉt ſoubz ſéel royal,
& vn autre de chaſcunes leurs lettres de proui
ſion, auec les quittances ſur ce ſuffiſantes : car
tel eſt noſtre plaiſir:nõobſtant quelzcõquesor
donnáces, tant anciénes que modernes, faiĉtes
ſur le faiĉt, ordre & diſtribution de noz finances, & quelzconques autres ordonnances , re-
ſtrinĉtions, mandemens ou defenſes à ce contraires, auſquelles, enſemble à la derogatoire y
contenue : Nous auons pour ceſte fois derogé
& derogeons, de noſtre certaine ſciéce, plaine
puiſſance & auĉtorité royal par ces preſentes.

Et pource que d'icelle lon pourra auoir af-
faire en pluſieurs & diuers lieux : Nous voulons qu'au vidimus, foy ſoit adiouſtée,comme
au preſent original:auquel afin que ce ſoit cho
ſe fermę & ſtable à touſiours, nous auons faiĉt

mettre

mettre noſtre ſéel, ſauf en autres choſes noſtre droiƈt, & l'autruy en toutes.

Donné à Reims, au moys de Mars, l'an de
grace, mil cinq cens cinquante & vn.

Et de noſtre regne le cinquieſme.

Ainſi ſigné,   HENRY.

Et au deſſoubz.

Par le Roy eſtant en ſon conſeil.

DV THIER.

Et ſéellé en lacz de ſoye du grand ſeau.

Leƈta, publicata & regiſtrata, de mandatis
expreſſiſſimis reiteratis, in regiſtro curiæ con-
tentis. Pariſiis in parlamento decimaſexta die
Maij, anno domini milleſimo quingenteſimo
quinquageſimoſecundo.

Signé,   CAMVS.

EXTRAICT des regiſtres de parlemĕt,
ſur le rapport faiƈt le quinzieſme iour de ce
mois, en la court de ceans, par maiſtre Iacques
Deſligneriz, conſeiller & preſident es enque-
ſtes, & Anthoine Fumée auſſi cõſeiller en icel
le court, ſur ce qu'ilz auoyent faiƈt & executé,
en la charge & cõmiſſion à eulx nagueres bail-
lée, de la part de ladiƈte court enuers laRoyne,
& le conſeil priué du Roy eſtabli à Chaalons,
pour le faiƈt de la publicatiõ des ediƈtz, cy deuant faiƈtz par prediƈt ſeigneur, pour l'augmentation d'vne chãbre en la court des aides, & attribution de iuriſdiƈtion ſouueraine des matie
res criminelles, en la chãbre des mõnoyes, ſuy
uant les lettres miſſiues, & mandement de ladi
ƈte dame, porté par icelles. Et apres auoir ce

iourd'huy mandé en ladicte court, les grand
chambre, tournelles & presidés des enquestes,
assemblez le procureur general du Roy, lequel
a dict à icelle par maistre Pierre Seguier aduocat dudict seigneur, que cy deuant suyuant le
commandement faict audict procureur general, par les lettres missiues de la Royne, il auoit
presenté ceans des le sixiesme de May dernier,
l'edict cõcernant l'erection d'vne seconde chãbre en ladicte court des aides, & deslors en a-
uoit requis la publication. Eulx retirez, la ma-
tiere mise en deliberatiõ, ladicte court a declaré & declare la publication faicte en icelle le
seziesme de May dernier, d'iceluy edict d'erection d'vne seconde chambre en ladicte court
des aides, auoir esté faicte: Apres auoir au pre-
cedẽt oüy ledict procureur general du Roy au
conseil, & sur la requisition par luy faicte.

Faict en Parlement , le dixseptiesme iour de
Iuing, l'an mil cinq cens cinquantedeux.

Collation est faicte.

Signé,   CAMVS.

Leües, publiées & enregistrées es registres du
grand conseil du Roy, oüy sur ce Chaumont
aduocat, ce consentant & requerant par l'ab-
sence des aduocat & procureur general du roy
audict conseil, à la charge toutesfois de faire
reformer dedans quinzaine lesdictes lettres
d'edict, pour le regard de l'adresse.

Faict à Chasteautierry le cinquiesme iour
de Iuillet, mil cinq cens cinquantedeux.

Signé,   COTTON.

Lefdictes lettres en forme d'edict, ont esté
pareillement leües, publiées & enregiftrées du
trefexpres commandement du Roy, fuyuant
& aux charges à plain contenues es lettres de
declaration & limitation dudict feigneur cy
deffus tranfcriptes, fans approuuer toutesfois
le tiltre & qualité de court des finances, preté-
du par lefdictes lettres d'edict, duquel tiltre &
qualité ladicte court des aides, ne fe pourra au-
cunement aider, à la charge auffi de l'oppofi-
tion formée, par les côfeillers du trefor à la pu
blication d'iceluy edict, & que la fomme de
huict cens liures tournois, ordonnée par iceluy, à chafcun de fes deux aduocatz & procureur en ladicte court desaides, fera par eux prin
fe & receüe pour tous droictz, gages & péfion,
foubz le bõ plaifir dudict feigneur, & par forme de dõ & biẽfaict, pour le regard de la creüe
& augmentation defdictz gages, tant & fi lon-
guemẽt, que la creüe d'officiers, en icelles cour
mentionnée efdictes lettres d'edict, durera : &
fans tirer à confequence pour l'aduenir, pour
leurs fucceffeurs efdictz offices, & d'icelle
creüe & augmentation de gages, fera faict cha-
pitre à part, & feparé en la defpenfe des comptes du receueur & payeur des gages de ladicte
court. Faict en la chambre des comptes le
vingtquatriefme iour de Septembre, l'an mil
cinq cens cinquantedeux.

    Signé,   CHEVALIER.

Leües, publiées & enregiftrées, en la court
des aides & finances, oüy le procureur gene-

ral du Roy du tresexpres mandement dudict
seigneur, par plusieurs fois reiteré, sans preiudi
ce des droictz & prerogatiues des presidens &
generaux, estãs à present à ladicte court, auctorité & préeminēce de la premiere chãbre, tel-
le qu'elle appartient aux autres premieres chã
bres des autres courtz souueraines, & aussi sans
preiudice du ressort ancien & accoustumé de
ladicte court, & cõgnoissance des causes & ma
tieres appartenans à icelle, nõ mentionnées ou
comprinses esdictes lettres d'edict, & sans que
les reglemens anciens, pretenduz par les gens
des comptes (auoir esté donné au parauant les
lettres de declaratiõ par eulx obtenues, le dou-
ziesme iour de Septembre, l'an mil cinq cens
cinquãtedeux dernier passé: & qui n'auroyent
esté donnez auec le procureur general de ladicte court) puissent aucunemēt preiudicier aux
auctoritez préeminence, congnoissance & in-
risdiction d'iceluy , & à la charge que le tiltre
& qualité de la court de finãces, demourera &
appartiendra à ladicte court: suyuant le vouloir & intention du Roy:nonobstant la modi-
fication & restrinction faicte au contraire par
lesdictz gēs des cõptes, & aussi à la charge que
les aduocatz & procureur general du Roy en
ladicte court ne pourront plaidoyer, ne escri-
pre ny consulter en ladicte court pour les parties priuées, ny pareillement plaider es courtz
de parlements ny ailleurs. Et oultre, à la charge de l'oppositiõ formée par maistre Ian Dau-
uet second president en ladicte court, & sans

preiudice des oppoſitiõs des huiſſiers d'icelle.
Faict le dixhuictieſme iour de Nouembre,
l'an mil cinq cens cinquantedeux.
Signé,   LE SVEVR.

ENRY par la grace de Dieu
Roy de France, à tous preſens &
aduenir, ſalut. Noz amez & feaux
les gens de noſtre court des aides
& finances à Paris, nous ont faict
entendre & remonſtrer, que depuis l'edict par
nous faict au mois de Mars mil cinq cens cinquante & vn, ſur la creation & eſtabliſſement
d'vne nouuelle & ſeconde chambre en icelle
noſtredicte court, reſtitution & reſtabliſſemét
d'icelle court en ſon entier & premier reſſort,
& attribution de iuriſdiction, tant ciuile que
criminelle, ſelõ & ainſi qu'il eſt à plain cõtenu
par iceluy edict: Noz amez & feaux, les gés tenans noſtre grand conſeil, apres la publication
par eulx faicte d'iceluy edict, ont ſoubz leur
donné à entendre, & au preiudice dudict edict
obtenu de nous autre particulier edict: par lequel nous leur auõs attribué & commis la con
gnoiſſance & iuriſdiction d'aucunes des matie
res & congnoiſſances portées par ledict edict
dudict mois de Mars: Meſmement pour le regard de la cõgnoiſſance & iuriſdiction de tous
proces ciuilz & criminelz, meuz & à mouuoir
pour raiſon des decimes & ſoulde de cinquan
te mil hommes de pied, & ce pour le regard
des pays de Bretagne, Bourgongne, Prouence

I i iij

& Valence, en quoy la iurifdiction des gés de
noftredicte court des aides fe trouueroit gran-
dement diminuée & eneruée, côtre la promef-
fe que leur auons faicte, fur la reftitution & re-
ftabliffement d'icelle, & foubz l'efperance de
laquelle les officiers par nous nouuellement
créez en icelle court, nous ont fecouruz de grã
de fomme de deniers, pour la fubuëtiõ de noz
affaires : Nous à ces caufes, apres auoir mis en
deliberation les remonftrances à nous faictes
fur ce, de la part de noftredicte court, & confi-
deré ce qui faifoit à confiderer en ceft endroict : Auons par l'aduis & deliberation des
gens de noftredict confeil, de noz certaine
fcience, plaine puiffance & auctorité Royal,
dict, declaré & ordonné : difons, declarons &
ordonnons, voulons & nous plaift, que ledict
edict par nous donné audict mois de Mars, for
te fon plain & entier effect : nonobftant ledict
edict fubfequétement obtenu par lefdictz gés
de noftredict grand confeil, que nous auõs re-
uoqué, caffé & adnullé, reuoquons, caffons &
adnullons, ne voulans iceluy nuyre ne preiudicier à la congnoiffance & iurifdiction par
noz predeceffeurs Roys & nous, attribuée à
icelle noftredicte court.

Si dõnons en mãdemét par ces mefmes prefentes, aux gens tenãs noftre court des aides &
finances à Paris, & à tous noz autres iufticiers
& officiers, & à chafcũ d'eulx, fi comme à luy
appartiendra : que noz prefentes lettres de declaration, vouloir, ordonnãce & intention, ilz

facent lire, publier & enregiſtrer, & inuiola-
blemēt garder & obſeruer de poinct en poinct
ſelon ſa forme & teneur. Et en contraingnant
à ce faire tous ceulx qu'il appartiendra, par
toutes voyes & manieres deües & raiſonna-
bles : nonobſtant oppoſitions ou appellations
quelzconques, faictes ou à faire: pour leſquelles ne voulons eſtre differé.

Et oultre mandons, au premier noſtre huiſſier ou ſergent ſur ce requis, qu'à ce faire com
mettōs, ſignifier ceſdictes preſentes, à noſdictz
amez & feaux les gens tenans noſtredict grand
conſeil, & à tous autres qu'il appartiendra: auſ
quelz nous auons interdict & defendu, & de
de noz grace & auctorité que deſſus, interdi-
ſons & defendons toute court, iuriſdiction &
congnoiſſance des matieres & choſes deſſuſdi
ctes, & toute autre cōgnoiſſance portée par ledict edict dudict mois de Mars. Voulans en oul
tre ceſdictes preſentes eſtre de tel effect & valeur, que ſi elles eſtoyent en iceluy noſtredict
grand conſeil & autres noz courtz ſouuerai-
nes & chaſcunes d'icelles leües, publiées, & en
regiſtrées, faiſant inhibitions & defenſes à noſtredict grand conſeil, de n'en entreprendre au
cūne court, iuriſdiction ne congnoiſſance, ſur
peine de nullité des procedures & iugemens
qui en interuiēdrōt, & aux parties de nō en fai
re pourſuitte ailleurs qu'en noſtredicte court,
ſur peine d'amēde arbitraire, à la diſcretiō d'i-
celle noſtredicte court : car tel eſt noſtre plai-
ſir:nonobſtant ce que deſſus, & quelzconques

I i iiij

autres edictz, ordonnances, restrinctions, man
demens ou defenses à ce contraires.

Et afin que ce soit chose ferme & stable à
tousiours: nous auons faict mettre nostre séel à
cesdictes presentes : sauf en autres choses nostre droict, & l'autruy en toutes.

Donné à Reims au mois d'Octobre, l'an de
grace, mil cinq cens cinquantedeux.

Et de nostre regne le sixiesme.

Ainsi signé,   Par le Roy, en son conseil,

BOVRDIN.

Et scellé en lacz de soye, de cire verd.

Leües, publiées & enregistrées en la court
des aides & finances à Paris, oüy sur ce le procureur general du Roy en icelle, le dixhuictief
me iour de Nouembre, mil cinq cens cinquantedeux.

Ainsi signé,   LE SVEVR.

ENRY par la grace de Dieu
Roy de France, à tous ceulx qui
ces presentes lettres verrót, salut.
Comme noz amez & feaux, les
gens tenás nostre court des aides
& finances à Paris, nous ayent faict entédre &
remonstrer, que depuis l'edict par nous faict
au mois de Mars, mil cinq cens cinquante &
vn, sur la creation, erection & establissement
d'vne nouuelle & seconde chambre en icelle
nostredicte court, restitution & restablissemét
d'icelle court en son entier : premier ressort
& attribution de iurisdiction, tant en ciuilité

que criminalité, comme il eſt amplement con
tenu & declaré par iceluy edict , meſmement
pour le regard de tous les debetz, & reſtatz des
comptes renduz en noſtredicte chambre des
côptes, & executoires deliurez en icelle. Nous
aurions par autres noz lettres d'edict , faict
certaine creation & augmentation d'offices en
noz courtz des aides à Roüen & Montpellier,
& en ce faiſant attribué aux gens d'icelles ſem-
blable congnoiſſance, pouuoir & iuriſdictions
en leurs reſſortz : tellement que noſtredicte
court des aides & finances audict Paris, crainct
& doubte que par le moyen deſdictz edictz, les
deſſuſdictz vouluſſent entreprendre en leurſdictz reſſortz, la congnoiſſance & iuriſdiction
deſdictz debetz , reſtatz & executoires, s'il ne
nous plaiſoit ſur ce faire declaration de noz
vouloir & intention.

Sçauoir faiſons, qu'apres auoir mis en delibe
ration leſdictes remonſtrances à nous faictes
de la part de noſtredicte court: Auons par aduis & deliberation des gens de noſtre conſeil
priué, de noz certaine ſcience, plaine puiſſance
& auctorité Royal, dict, declaré & ordôné, di-
ſons, declarons, & ordonnons que noſtre vouloir & intention eſt, que ledict edict par nous
donné audict moys de Mars, ſorte ſon plain &
entier effect de poinct en poinct , ſelon ſa forme & teneur , nonobſtant leſdictz edictz pour
leſdictes courtz de Roüen & Montpellier , cy
deſſus mentionnez , que ne voulons nuyre ne
preiudicier audict edict par nous donné audict

moys de Mars, mefmement en tant que touche
la congnoiffance & iurifdiction defdictz debetz, reftatz des comptes & executoires, dont
de rechef en tant que befoing feroit en auons
attribué, & attribuons la congnoiffance & iurifdiction à noftredicte court des aides & finá-
ces à Paris, fors & excepté quant aux debetz &
reftatz des comptes renduz à noftredicte chambre des comptes à Montpellier, dont noftredicte court de Montpellier congnoiftra , iugera,
& decidera priuatiuemét à tous autres. Le tout
nonobftant quelzconques edictz & declarations fur ce faictes. Mefmes lefdictz edictz, de
la creüe d'officiers en nofdictes cours de Roüé
& Montpellier , aufquelz & à chafcun d'eulx
nous auós pour ce regard, en tant que befoing
feroit defrogé, & de noz grace, puiffance & auctorité que deffus, derogeons par cefdictes prefentes , par lefquelles donnons en mandement
aux gens de noftredicte court des aides & finá-
ces à Paris, & à tous noz autres iufticiers & officiers, & à chafcun d'eulx, ficomme à luy appartiendra: Que noz prefentes lettres de declaration, vouloir, ordonnance & intention , ilz
facent lire, publier & enregiftrer, gardĕt & ob-
feruĕt, & facent inuiolablement, garder & ob-
feruer de poinct en poinct, felon leur forme &
teneur : En contraignant à ce faire tous ceulx
qu'il appartiendra, & pource feront à contraindre, par toutes voyes & manieres deües & rai-
fonnables: nonobftant oppofitions ou appellations quelzconques faictes ou à faire. Pour lef-

quelles ne voulons estre differé.

En mandât en oultre au premier nostre huif
fier ou sergent sur ce requis, qu'à ce faire com
mettons, signifier cesdictes presentes à noz a-
mez & feaulx tenans noz courtz des aides à
Roüen & Montpellier, ausquelz & à chascun
d'eulx nous auons interdict & defendu, & de
noz grace & auctorité que dessus, interdisons
& defendons toute court, iurisdiction & congnoissance des matieres & choses susdictes, &
voulós cesdictes presentes estre de tel effect &
valeur comme si elles estoyent par icelles noz
courtz de Roüen & Mótpellier, & noz autres
courtz, & chascunes d'icelles leües, publiées
& enregistrées:leur faisant, & à chascun d'eulx
de par nous, inhibitions & defenses, de nó entreprendre aucune court, iurisdiction ne congnoissance desdictes matieres susdictes, sur pei
ne de nullité des procedures & iugemés qui en
interuiendront. Et aux parties de non en faire
poursuyte ailleurs qu'en nostredicte court des
aides & finances à Paris, sur peine d'amende ar
bitraire, à la discretion d'icelle nostredicte
court:car tel est nostre plaisir. Et pource que
de cesdictes presentes ilz pourront auoir afai-
re en plusieurs & diuers lieux: Nous voulons
qu'au vidimus d'icelles faict soubz séel royal,
ou collationné par l'vn de noz amez & feaulx
notaires & secretaires, foy soit adioustée, com
me à ce present original. Auquel en tesmoing
de ce nous auons faict mettre nostre séel.

Dóné à Reims le vingtneufiesme iour d'Octo

bre, l'an de grace, mil cinq cens cinquãtedeux.
Et de noſtre regne le ſixieſme,
Ainſi ſigné ſur le reply.
Par le Roy en ſon conſeil.
BOVRDIN.

Et ſéelle ſur double queüe de cire ıaulne.
Leües, publiées & enregiſtrées en la court
des aides & finances à Paris, Oüy ſur ce le pro
cureur general du Roy en icelle. Le dixhuiȼt-
ieſme iour de Nouembre, mil cinq cens cinquantedeux.
Signé,   LE SVEVR.